NATIONAL GEOGRAPHIC

Peldaños

El océano del mundo

Nuestro océ

Imagina que estás de pie en una playa y observas el océano. El océano se extiende hasta el horizonte distante con más agua de la que nunca has visto. Aún así, esto es una pequeña fracción del vasto océano de la Tierra. Los continentes separan el océano en los océanos Ártico, Atlántico, Pacífico e Índico. Sin embargo, todos están conectados en un océano global. El océano es un lugar asombroso lleno de vida, misterio y sorpresas.

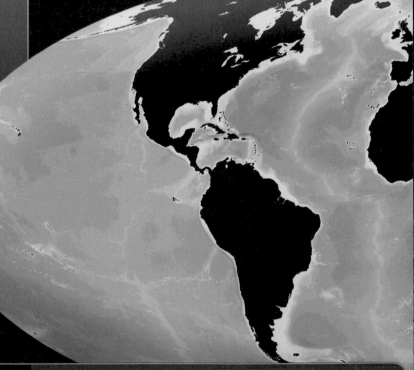

El premio a la "montaña más alta" de la Tierra es para... Mauna Kea, en Hawái. Aunque la mayor parte está bajo el agua, en realidad es más alta que el monte Everest.

10,200m
(33,465 pies.)

8,848m
(29,028 pies.)

La mayor parte del océano es tan profunda que la luz del sol no llega a sus profundidades. El rape que vive en esta oscuridad tiene un señuelo brillante que atrae a las presas.

ano salino

por Glen Phelan

El agua del océano sustenta la enorme masa de la ballena azul. Es el animal más grade que ha vivido en la Tierra, que tiene una longitud de aproximadamente 2.5 autobuses escolares.

El volumen de un jarro de leche con agua del océano contiene 9 cucharadas grandes de sal.

El agua salada

¿Alguna vez nadaste en el océano? ¡Todo lo que se necesita es un poco de agua en los labios para saborear el agua salada! O quizá sentiste un pinchazo cuando el agua salada se te metió en un corte en la piel.

El pinchazo proviene de la sal que hay en el agua. El agua del océano es más que nada una **mezcla** de agua y diferentes tipos de sales. Las sales se **disuelven** o se descomponen en partículas que se distribuyen de manera uniforme a través del agua, lo que hace que el agua salada sea un tipo de mezcla llamada **solución.** Si pudieran quitarse las sales del océano y distribuirse de manera uniforme sobre los continentes, formarían una capa de 150 metros (500 pies) de espesor. Eso es aproximadamente la altura de un edificio de 40 pisos.

Entonces, ¿cómo llegan las sales al océano? La mayor parte de las sales en realidad provienen de la tierra. Toda el agua natural tiene algunas sales porque la lluvia disuelve las sales de las rocas y el suelo, y las arrastra a los arroyos. El agua de los arroyos luego fluye en los ríos, que finalmente desembocan en el océano. Las sales también llegan al océano desde los volcanes y pequeñas aberturas en el fondo del océano que liberan minerales, incluidas las sales.

Todo el océano del mundo es salino, pero algunas partes son más salinas que otras. En las regiones polares frías, parte del agua del océano se congela y forma grandes trozos de hielo. A temperaturas árticas y antárticas, el hielo está formado por agua dulce. La sal se queda en el agua líquida, lo que hace que el agua del entorno sea más salina que en otras áreas del océano. En los trópicos calurosos, el agua del océano se **evapora** en el aire cálido. Conforme el agua se evapora, se convierte en un gas, y la sal se queda en el agua líquida. Por lo tanto, esta parte del océano es más salada que el resto del océano.

Ahora piensa en lo que sucede cuando el agua dulce de los ríos desemboca en el océano. Aunque lleve un poco de sal, la gran cantidad de agua dulce diluye el agua más salina del océano cerca de la desembocadura del río. Por lo tanto, esa pequeña parte del océano es ligeramente menos salina que otras partes.

El hielo flota en el agua, ¡pero no justo encima! Como un cubito de hielo, la mayor parte de un iceberg flota debajo de la superficie.

línea de flotación $\longrightarrow$

Cerca de 50,000 icebergs se pueden ver cada año en el océano Ártico.

Un río en Noruega vierte su cieno, agua y sales disueltas en un mar que es parte del océano Ártico. El cieno, o tierra erosionada, produce la forma de abanico que se denomina delta. El agua y las sales disueltas se mezclan en el océano.

Olas

"¡CUIDADO!"

Una ola gigante se crespa y rompe sobre un surfista. Luego, segundos después, el surfista emerge del barril, el túnel de agua que se forma cuando se crespa la parte superior de la ola. El diestro surfista monta la ola en todo su recorrido hasta la costa.

Los surfistas saben todo sobre las olas. El viento, o aire en movimiento, forma la mayoría de las olas. Los vientos se arrastran por la superficie y le transmiten energía al agua.

Se puede decir que el viento energiza el océano a medida que la energía pasa por el agua en forma de olas. Mientras más fuertes sean los

En 2012, un surfista montó una ola de 24 metros (78 pies) que batió un récord cerca de la costa de Nazaré, Portugal.

vientos,más grandes serán las olas. Imagina una tormenta en el mar con vientos feroces que levantan unas olas inmensas. A la energía puede tomarle muchas horas llegar a la costa, pero cuando lo hace, las olas se convierten en muros de agua más altos que las casas.

Ahora imagina que saliste en tu tabla de surf a observar el océano. Ola tras ola se crespa debajo de ti y hace que te balancees hacia arriba y hacia abajo. El agua que te rodea también se balancea hacia arriba y hacia abajo. Las olas se desplazan hacia adelante, pero las cosas que están sobre el agua solo se mueven hacia arriba y hacia abajo.

Bueno, es hora de subirse a una ola. Remas hacia adelante y luego te pones de pie a medida que el agua se alza debajo de tu tabla. Es una ola de buen tamaño, de aproximadamente la mitad de tu estatura, pero eso está por cambiar.

Lo ola ha crecido tanto como tú y ahora el muro de agua se eleva sobre ti. ¿Qué sucede? El agua es tan poco profunda, que la base de la ola roza el fondo del océano; este desacelera la ola pero también la empuja más alto.

¡Sientes cómo rompe la poderosa ola! La base de la ola se desacelera más que la cresta, así que la cresta se inclina hacia adelante, se crespa y cae. Ese es casi el único momento en el que una ola en realidad empuja agua hacia adelante. También avanza a empujones, pero mantienes el equilibrio. ¡Qué fantástico paseo!

Estrellas de mar, percebes y otros organismos de las pozas de marea pueden vivir tanto dentro como fuera del agua.

Casi 4,000 especies de peces se lanzan a toda velocidad y se deslizan entre los arrecifes del océano.

Los animales del océano abierto nadan millas en busca de alimento.

La vida en el océano

Desde las costas poco profundas hasta las aguas más profundas, el océano de la Tierra alberga organismos de todos los colores, formas y tamaños. Algunos organismos son nadadores, como las ballenas, los delfines, los pulpos y los peces. Los habitantes del fondo, como las langostas, los corales y las estrellas de mar, viven y caminan o se arrastran en el fondo del mar. Las medusas y otros tipos de organismos son flotadores, y permanecen en la superficie o cerca de ella. Las algas marinas pueden flotar o estar ancladas en el fondo.

Todos los organismos del océano están adaptados a la vida en el agua salina del océano. Por ejemplo, para evitar tener demasiada sal en su cuerpo, los peces eliminan la sal adicional a través de su piel y sus branquias.

Hay muchos medio ambientes oceánicos, cada uno con su propia combinación particular de vida. Las pozas de marea son depresiones rocosas junto a la costa. Están bajo el agua durante la marea alta y permanecen llenas de agua durante la marea baja. La solución acuosa de las pozas de marea se vuelve más salina a medida que se evapora el agua y menos salina cuando llega el agua o cuando llueve.

La mayor variedad de vida oceánica se encuentra en los arrecifes de coral o cerca de ellos. Animales del tamaño de las hormigas llamados corales producen cubiertas de piedra caliza con las que construyen los arrecifes rocosos en aguas tropicales.

Algunos visitantes de los arrecifes, como los tiburones y los delfines, están más a gusto en aguas abiertas. Compara los organismos que viven en los medio ambientes que se muestran acá. Esta es simplemente una pequeña fracción de la enorme variedad de vida que se encuentra en el océano salino del mundo.

Un trago de agua de mar puede contener cientos de miles de animales diminutos y organismos semejantes a plantas. Millones de bacterias también viven allí. ¡Escúpela!

En las profundidades

En 1977, un científico y un piloto descendieron lentamente en el océano Pacífico en un pequeño submarino de investigación llamado *Alvin*. Otro científico registraba el progreso de *Alvin* desde el buque nodriza en la superficie. El objetivo de su expedición era descubrir si parte de la sal del océano provenía de aberturas volcánicas en el fondo del mar. Nadie había explorado estas aberturas. Esta era su oportunidad, y resultó ser el descubrimiento de toda una vida.

Mientras el *Alvin* se acercaba al fondo del océano, el piloto exclamó: "¡Aquí hay almejas!". Las almejas eran gigantes: cada una era más grande que una pelota de fútbol americano. También había anémonas, cangrejos, mejillones, peces y gusanos colosales que eran más altos que una puerta. Los gusanos tenían puntas rojas que se extendían de tubos blancos dorados.

Uno de los científicos describió a los gusanos más tarde a sus colegas por teléfono. "Pregunté: —Oigan, ¿pueden ustedes biólogos decirnos qué son estas cosas?—. Y dijeron: —¿Qué? No sabemos qué son. ¡No toquen nada!".

Los científicos habían descubierto criaturas en el lugar menos probable. ¿Cómo podía florecer toda esta vida a casi 3 kilómetros (2 millas) debajo de las olas, en completa oscuridad? Sin luz solar, ¿cómo obtenían energía estos organismos?

De las aberturas volcánicas cercanas brotaba una mezcla de sales, minerales, gases químicos y agua extremadamente caliente. Uno de estos gases es alimento para bacterias que viven dentro de los gusanos tubícolas y otros animales. Las bacterias usan el gas para producir sustancias químicas que los animales usan como alimento.

Desde 1977, los científicos han descubierto muchas aberturas y la vida que las rodea. Al *Alvin* se han sumado docenas de submarinos y otros instrumentos de alta tecnología para explorar el océano. Quizá algún día hagas un viaje a las profundidades del mar y te unas a la emoción del descubrimiento.

Las columnas negras, ricas en sustancias químicas como el azufre, el hierro, el zinc y el cobre, están a más de 350 °C (662 °F).

La luz brillante que ilumina a estos extraños animales proviene del submarino.

Compruébalo   ¿Por qué algunas partes del océano son más salinas que otras?

11

Sal del océano

por Judy Elgin Jensen

Cuando tomes el salero en un restaurante, quizá levantes un recipiente que esté rotulado "sal marina". La sal marina también se vende en tiendas de comestibles. ¿Qué es exactamente la sal marina?

La sal marina es sal que proviene de mar o del océano. La sal se cosecha después de que se **evapora** el agua marina de las pozas poco profundas y queda la sal. La sal de mesa, la sal de la mayoría de los saleros, proviene de minas subterráneas.

La sal de mesa y la sal marina no son tan diferentes. Ambas están compuestas por partículas de sodio y cloro, que se combinan y forman el cloruro de sodio. Muchas sales marinas se dejan en granos grandes porque la sal gruesa no se pega como la sal de mesa. Se puede usar una moledora para romper la sal marina en granos más pequeños. La sal marina también tiene pequeñas cantidades de minerales que le dan a la sal sabores y colores diferentes. Los cocineros usan estas diferencias para realzar el sabor de diversos alimentos. Estos son solo unos pocos de los muchos tipos de sales marinas disponibles en la actualidad:

Fleur de Sel Eso es "Flor de sal" en francés. Es la mejor de las sales que se cosechan en ciertas regiones de Francia. Los sabores varían ligeramente según la región.

Sal marina Lava negra Esta sal negra se produce en la isla hawaiana de Moloka`i. Tiene abundantes minerales y un sutil sabor a nuez. Su color se debe al carbón.

Sal marina Chipotle Hecha con pimientos chipotle ahumados y sal marina del Pacífico, esta sal hace que la comida sepa picante y especiada.

Sal marina Alaea roja La sal marina del Pacífico se combina con arcilla roja de Hawái para colorear esta sal. Tiene abundantes minerales y se usa para dar sabor y preservar los alimentos.

Sal marina Francesa gris Esta sal gruesa se cosecha en las aguas del Atlántico cerca de la costa de Francia. Huele como el océano y tiene abundantes minerales.

Sal ahumada con manzana Esta sal en escamas se ahúma sobre una fogata de madera de manzano. Absorbe el sabor frutal de la madera. También contiene minerales del agua marina.

13

Cosechar sal marina

La vida en el océano necesita sal marina para sobrevivir y las personas también necesitan sal. Mucha de la sal que usamos proviene de la evaporación del agua marina salina.

La sal marina se cosecha en climas cálidos donde las brisas son fuertes y constantes. Y por supuesto, el agua marina debe ser cercana y abundante.

Las fotos de estos estanques de sal muestran el proceso básico de la cosecha de sal marina en la isla de Gozo, Malta, en el mar Mediterráneo. Veamos cómo se hace.

Paso 1

Primero, el agua marina se bombea en estanques poco profundos, que suelen hacerse con arcilla local. El viento y la luz solar evaporan lentamente el agua de los estanques. A medida que se evapora más agua, la **solución** que queda, llamada **salmuera,** se vuelve más salina.

Paso 2

La salmuera luego pasa por una serie de estanques. Después de casi dos años, la salmuera es tan salina que comienzan a formarse cristales de sal sólida a partir de la solución.

Paso 3

La evaporación continúa con el tiempo y se forman más cristales de sal en la salmuera. Cuando la capa de sal tiene aproximadamente 10 centímetros (4 pulgadas) de espesor, se fracciona, se saca a cucharadas, se coloca en camiones y se lleva a la planta de lavado.

Paso 4

En la planta de lavado, la sal se bate en tinas para quitarle la arena y la tierra. La sal limpia se puede almacenar en montículos. La sal almacenada se tritura, se seca y se envasa. Luego se lleva a las tiendas.

La importancia de la sal

La sal es mucho más que un condimento. Ha tenido un impacto en civilizaciones enteras. Hace cientos de años, Venecia, Italia, se convirtió en una potencia económica gracias a la venta de sal. A fines del siglo XVI, los holandeses evitaron la guerra con España bloqueando el transporte de la sal de una de las plantas de sal más importantes de España. Como no podía vender su sal, España entró en bancarrota y no pudo pelear una guerra.

∨ Una balanza para medir la sal marina es un instrumento común en los mercados al aire libre. Este mercado está en Timor Oriental en una isla al norte de Australia.

Bolsas de sales marinas locales están en oferta en un mercado de la isla española de Mallorca, en el mar Mediterráneo.

A través de los años, la sal se ha usado como dinero. Los soldados de la antigua Roma recibían parte de su paga en sal. De hecho, la palabra *salario* proviene de la palabra latina que significa "sal".

¿Cómo ha tenido la sal el poder de desarrollar economías e influir en las guerras? La sal es una sustancia que el cuerpo necesita, aunque en pequeñas cantidades. Ayuda a que los músculos funcionen, la sangre fluya y el corazón lata. La sal también desacelera el crecimiento de las bacterias, así que se usa para preservar alimentos. Salar peces y carnes era importante antes de que existiera la refrigeración. La práctica de salar continúa en muchas culturas en la actualidad.

La popularidad de la sal marina ha hecho que esta sustancia sea importante una vez más para muchas economías locales. Una pequeña planta de sal marina en Maine evapora agua marina en invernaderos solares para producir sal. Una enorme planta de sal marina en las afueras de San Francisco se parece a las de Guatemala y el resto del mundo. Los comerciantes compiten por los clientes conforme crece la moda de la sal marina.

Una capa de sal evitó que estos peces se pudrieran. Se los asará y venderá en un mercado en Bangkok, Tailandia.

Compruébalo ¿Por qué se bombea agua marina en estanques poco profundos en lugar de estanques muy profundos?

Lee para descubrir sobre una solución a un problema de suministro de agua dulce.

Agua dulce del océano

por Glen Phelan

LOS COMIENZOS DE DUBÁI, HACE 60 AÑOS

El polvo está en todos lados. Se pega a la ropa, el cabello, los ojos. Mientras tanto, el sol es achicharrante y las temperaturas se elevan.

Así son las cosas aquí en la ciudad de Dubái, en el Medio Oriente, sobre las costas del Golfo Pérsico. Después de todo, este *es* un desierto.

Los niños patean una pelota en un callejón arenoso. Cuando la pelota se cruza en tu camino, ves que no es una pelota, sino un montón de trapos. Esta es una ciudad pobre donde la mayoría de los habitantes no sabe leer ni escribir, y hay poco trabajo. Muchas personas viven en tiendas de campaña y apenas sobreviven de la pesca de sardinas. Pero los niños se ríen y juegan cuando les pateas la pelota para regresársela.

Doblas la esquina y te encuentras nariz a nariz con un camello cuyo dueño usa para llevar mercadería a uno de los mercados al aire libre de Dubái. Telas coloridas colgadas de postes brindan sombra a los que caminan entre los puestos. Los aromas dulces de la canela y los clavos de olor llenan el aire como los sonidos de las personas regateando precios. Compras frutas secas y continúas tu camino.

Unos cuantos minutos después llegas a un arroyo pequeño, que, al contrario de la mayoría de los arroyos, tiene agua salada. Desemboca en el Golfo Pérsico, que también tiene agua salada. Llueve poco, y no hay ríos y lagos grandes que brinden agua dulce. Entonces, ¿de dónde obtienen agua potable? Unos cuantos pozos profundos brindan agua para las 30,000 personas que viven aquí. Aún así, el agua dulce es un recurso escaso.

Un arroyo de agua salada divide la ciudad. Todo lo demás es arena del desierto árido.

HOY EN DUBÁI

La música pop retumba mientras 1,200 tiendas invitan a los clientes a entrar. Ahora estás en el centro comercial más grande del mundo, aquí mismo, en Dubái. Ves personas que usan ropa tradicional arábiga y adolescentes que usan pantalones cortos y jeans. El centro comercial de Dubái tiene una pista de patinaje sobre hielo, un acuario, un parque temático y cines. Los rascacielos, incluido el más alto del mundo, bordean las anchas calles. Personas de todo el mundo se alojan en hoteles lujosos. ¿Cómo se convirtió esta ciudad polvorienta en una ciudad tan reluciente?

Se descubrió petróleo debajo de las arenas del desierto de Dubái en la década de 1960. No había tanto petróleo como en otras partes del Medio Oriente, pero ayudó a poner en marcha la economía de Dubái. Nuevas riquezas llevaron a nuevos negocios, industrias y escuelas. Las personas llegaron para construir la ciudad moderna y siguieron los turistas. La población creció a más de un millón de habitantes.

Conforme crecía Dubái, se enfrentaba a un problema importante: una escasez de agua dulce. Las personas necesitaban agua dulce para beber, lavar, cultivar y hacer funcionar fábricas y centrales eléctricas.

Si se miran las torres relucientes de cristal y acero, o si se camina por un centro comercial cerrado, es difícil imaginar la Dubái de hace 60 años.

Los científicos y los ingenieros descubrieron cómo obtener agua dulce a partir del agua salada en un proceso llamado **desalinización**.

Descompongamos la palabra *desalinización*. El prefijo *de-* significa "revertir o quitar". La raíz *salina* es "sal" en latín. El sufijo *-ación* significa "resultado de una acción". Por lo tanto, desalinización es la acción de quitar sal.

Hay muchas maneras de desalinizar el agua salada. Muchas plantas de desalinización dependen de la evaporación y la condensación.

Cuando el agua se **evapora**, quedan la sal y otros minerales, por lo tanto, el agua que se evapora es agua dulce. Muchas plantas de desalinización capturan el vapor de agua dulce y lo **condensan,** o lo convierten de vuelta en líquido. El agua condensada se recolecta y se lleva a tanques de almacenamiento a través de tuberías. La planta de desalinización Jebel Ali en Dubái convierte el agua marina salina del Golfo Pérsico en agua dulce potable.

Los granjeros del oasis Liwa riegan con agua subterránea. El oasis está a cuatro horas en carro de Dubái.

USO DEL AGUA DESALINIZADA

En algunas regiones del Medio Oriente, incluida Dubái, la mayor parte del agua que sale por el grifo proviene del mar. La mayor parte del agua potable de estos países proviene de las plantas de desalinización.

El agua desalinizada se usa de muchas maneras. Las industrias la usan para enfriar las máquinas y fabricar productos. Algunos granjeros la usan para regar los campos, pero la mayoría usa **agua subterránea,** agua que se acumula entre las rocas bajo tierra. Sin la

desalinización, las ciudades que están junto a la costa tendrían que canalizar el agua subterránea a través de grandes distancias. Si los habitantes de las ciudades usaran más agua subterránea, habría menos agua disponible para los cultivos.

La tecnología de la desalinización no es perfecta. Requiere mucha energía y contamina. En la mayoría de las plantas de desalinización se queman combustibles fósiles para calentar el agua marina, así es que, para

reducir la contaminación, los ingenieros han diseñado plantas de desalinización en las que se usa la energía solar para calentar el agua.

La desalinización también produce **salmuera** que puede ser poco saludable para la vida marina cercana, por lo tanto, los ingenieros diseñaron un sistema por el que la salmuera se libera gradualmente. La salmuera se mezcla de manera más segura con el agua del océano circundante.

El agua que se libera de nuevo en el océano también puede ser más tibia que el área circundante. El agua más tibia es menos densa que el agua más fría y contiene menos oxígeno. Esta capa de agua más tibia puede atrapar pequeños organismos marinos y quizá no tenga suficiente oxígeno para que los organismos sobrevivan. Los científicos continúan estudiando los problemas con la desalinización y diseñan sistemas para brindar soluciones.

LA DESALINIZACIÓN EN EL MUNDO

La desalinización se está haciendo cada vez más importante en todo el mundo. Arabia Saudita tiene 30 plantas desalinizadoras que proporcionan el 70 por ciento de su agua potable. Otros países del Medio Oriente también dependen de la desalinización para contar con agua potable. En todo el mundo funcionan plantas de desalinización. De hecho, más de 15,000 plantas producen 65 mil millones de litros (17 mil millones de galones) de agua dulce por día. ¡Eso es bastante! Aún así, eso es solo aproximadamente el dos por ciento de toda el agua dulce que se consume por día en todo el mundo. Aunque es caro hacer funcionar las

Reino Unido: Londres

La planta funciona con biocombustible. Solo funciona en épocas de sequía para abastecer a 1 millón de personas.

Estados Unidos: Tampa

La planta satisface hasta el 10 por ciento de las necesidades de la región. Ayuda a conservar el agua subterránea y las reservas de los embalses.

Chile: Caldera

La planta asegura las necesidades de agua para extraer los abundantes recursos minerales del desierto de Atacama. Este desierto es el lugar más árido del planeta.

plantas de desalinización, se están construyendo más plantas. Algunas se usan solo en épocas de sequía, mientras que otras están establecidas tierra adentro y extraen la sal de las reservas de salmuera y los suministros subterráneos.

Una tecnología perfeccionada hace que la desalinización sea más económica y amigable con el medio ambiente. Quizá algún día trabajes en la tecnología más reciente para ayudar a brindar agua dulce a un mundo sediento.

India: Chennai

La planta abastece a 4.5 millones de personas. La escasez de agua es el resultado de los monzones erráticos que no llenan los lagos y los embalses.

Australia: Melbourne

La planta abastece a una población creciente. Los patrones de lluvia cambiantes significan que las reservas de los embalses no se pueden mantener.

Sudáfrica: Bahía Mossel

La planta puede satisfacer todas las necesidades de la ciudad en caso de una sequía grave. Las sequías son relativamente comunes aquí.

Compruébalo ¿Qué problemas en el proceso de desalinización intentan resolver los ingenieros?

LAS PLAYAS
arcoíris del océano

por Jennifer K. Cocson

l agua marina es mucho más que solo agua. Es una **mezcla** de agua, sales, minerales, gases y vida microscópica. Cuando la mezcla acuosa rompe en la costa, inunda otra mezcla, la playa. Sí, una playa es una mezcla. En cada puñado encontrarás arena, conchas marinas y guijarros que puedes extraer fácilmente.

¿De dónde provienen estos ingredientes de la playa? Las conchas marinas provienen del océano mientras que las rocas y la arena generalmente provienen de la tierra cercana. Los ríos llevan trocitos **erosionados** de roca corriente abajo y vierten los sedimentos rocosos cerca de la costa. Las olas hacen pedazos los sedimentos entre sí, y los rompen en trocitos más pequeños, y finalmente en granos de arena. Las olas que chocan también erosionan o desgastan la costa rocosa, especialmente durante las tormentas. Las olas constantemente remodelan el sedimento y forman una playa que es una mezcla del material rocoso local.

La arena de la playa proviene de las rocas cercanas, y todas las rocas tienen diferentes colores. ¡Eso significa que las playas también tienen diferentes colores! Echemos un vistazo a algunas de las playas más coloridas del mundo.

Hawái es famosa por sus playas hermosas. Por ejemplo, consideremos la playa Punalu'u en la isla de Hawái. Sus granos negros son trocitos de lava endurecida. La lava caliente fluye cuesta abajo por el volcán que forma la isla. Se enfría cuando se encuentra con el agua del océano y se convierte en una roca negra llamada basalto. Las olas machacan el basalto en trocitos de arena negra que el mar arrastra y crea esta playa de arena negra.

La arena negra de esta playa en Hawái proviene de la roca volcánica negra que forma gran parte de la isla.

¿Qué hace que la arena de la playa Pu'u Māhana de Hawái sea verde?

Playa Pu'u Māhana

En el lado occidental de la isla de Hawái se encuentra la playa Pu'u Māhana, con granos de arena que parecen joyas verdes diminutas. El color verde oliva proviene del mineral olivino.

Los acantilados que rodean la playa son los restos de un antiguo cono de ceniza, una colina que se formó con residuos volcánicos. Estos acantilados están repletos de olivino. La lluvia arrastra trocitos de olivino cuesta abajo mientras que las olas erosionan los acantilados y arrastran el olivino hacia la costa. Las partículas más livianas suelen irse con el mar y los granos más pesados de olivino quedan atrás.

Los granos de olivino son muy pequeños para tener valor, pero los cristales más grandes de este mineral son la roca semipreciosa llamada peridot.

Ahora pasemos a la Playa de Arenas Rosadas de las Bahamas. ¿Puedes adivinar de dónde proviene la arena rosada? Proviene de las conchas marinas rosadas o rojas de animales microscópicos que viven entre los arrecifes de coral cercanos. Después de que los animales mueren, las olas despedazan las conchas marinas y arrastran los trocitos a la costa. Las conchas marinas se mezclan con la arena blanca y le dan a la playa un color rosado, especialmente en la arena mojada del borde del agua.

Playa de Arenas Rosadas

El color de la Playa de Arenas Rosadas en las Bahamas tiene un origen sorprendente.

Playa Arcoíris

Terminemos nuestro paseo con la Playa Arcoíris, una playa colorida en la costa este de Australia. El nombre proviene de los arrecifes y las dunas arenosas multicolores que hay detrás de la playa. Si caminas a lo largo de esta parte de la costa, podrías contar más de 70 tonos de color café, amarillo, anaranjado, rosado, rojo, azul y marrón.

Una leyenda nativa dice que un espíritu tomó la forma de un arcoíris. Después de morir en una pelea, el espíritu chocó con los acantilados y les dio su color de arcoíris. La leyenda es un relato importante en la cultura nativa. Sin embargo, los científicos saben que una mezcla de diferentes minerales es lo que da a los acantilados sus capas coloridas.

La erosión del viento y las olas desintegran los acantilados y forman pilas de arena en la base. El viento y las olas transportan la arena y crean una playa de colores siempre cambiantes.

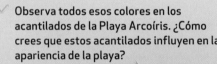

Observa todos esos colores en los acantilados de la Playa Arcoíris. ¿Cómo crees que estos acantilados influyen en la apariencia de la playa?

Los arcoíris arenosos de Playa Arcoíris en Queensland, Australia, cambian con frecuencia.

Se pueden ver arenas coloridas con solo observar la Playa Arcoíris. Pero si se excava en la arena, cada palada revela una combinación diferente de colores. ¡Y hablan de arte con arena!

La próxima vez que estés en una playa, observa qué forma esta mezcla arenosa. Luego intenta descubrir de dónde provienen los componentes de la mezcla y por qué tienen el aspecto que tienen. ¿Hay colinas y acantilados cerca? ¿Cómo son las rocas cercanas? ¿Qué tipo de minerales contienen?

Observa un mapa. ¿Algún río desemboca en el océano o un lago en las cercanías? ¿A través de qué tipo de tierra fluía el río en su largo viaje hacia allí?

¡Vaya! Esas son muchas preguntas. ¡Buscar las respuestas es donde comienza la aventura!

Compruébalo   ¿Cómo puedes predecir el color de una playa al observar los accidentes geográficos cercanos?

Comenta

1. Cuenta sobre las maneras en las que crees que las cuatro lecturas de *El océano del mundo* se conectan.

2. Piensa en el proceso de obtener sal del océano que se describe en "Sal del océano" y el proceso de obtener agua dulce que se describe en "Agua dulce del océano". Identifica la causa y el efecto en cada uno.

3. Explica el impacto que tienen las propiedades físicas de las rocas y los suelos circundantes en la sal en "Sal del océano" y en la arena en "Playas Arcoíris".

4. Cita evidencia de "Nuestro océano salino" acerca de por qué la salinidad varía en lugares alrededor del mundo.

5. ¿Qué preguntas sigues teniendo sobre el océano del mundo? ¿Cuáles serían buenas maneras de hallar más información?